Carnet de
CERTIFICATS DE
RAMONAGE

Entreprise :

Nom :

Date : ....

N° : ....

CERTIFICAT DE RAMONAGE

CLIENT			
Nom		Prénom	
Adresse :			
....			

INSTALLATION FONCTIONNANT AU		
☐ Fuel	☐ Gaz	☐ Charbon
☐ Bois	☐ Mixte	☐ ....

FACTURE

Ramonage	NB	HT Prix unitaire FF	Cumul HT FF	HT Prix unitaire €	Cumul HT €
Cheminée					
Chaudière					
Nettoyage brûleur					
Contrôle de combustion rendement %					

PIÈCES DEFFECTUEUSES REMPLACÉES

Gicleurs				
Flexibles				
Autres				
Main d'œuvre				

Notes		
	TOTAL HT	
	TVA	
	NET À PAYER	

Entreprise :

Nom :

Date : ....

N° : ....

CERTIFICAT DE RAMONAGE

CLIENT		
Nom		Prénom
Adresse :		

INSTALLATION FONCTIONNANT AU		
☐ Fuel	☐ Gaz	☐ Charbon
☐ Bois	☐ Mixte	☐ ....

FACTURE

Ramonage	NB	HT Prix unitaire FF	Cumul HT FF	HT Prix unitaire €	Cumul HT €
Cheminée					
Chaudière					
Nettoyage brûleur					
Contrôle de combustion rendement %					

PIÈCES DEFFECTUEUSES REMPLACÉES

Gicleurs					
Flexibles					
Autres					
Main d'œuvre					

Notes		
	TOTAL HT	
	TVA	
	NET À PAYER	

Entreprise :

Nom :

Date : ....

N° : ....

CERTIFICAT DE RAMONAGE

CLIENT		
Nom		Prénom
Adresse :		
....		

INSTALLATION FONCTIONNANT AU

☐ Fuel   ☐ Gaz   ☐ Charbon
☐ Bois   ☐ Mixte   ☐ ....

FACTURE

Ramonage	NB	HT Prix unitaire FF	Cumul HT FF	HT Prix unitaire €	Cumul HT €
Cheminée					
Chaudière					
Nettoyage brûleur					
Contrôle de combustion rendement %					

PIÈCES DEFFECTUEUSES REMPLACÉES

Gicleurs					
Flexibles					
Autres					
Main d'œuvre					

Notes		
	TOTAL HT	
	TVA	
	NET À PAYER	

Entreprise :

Nom :

Date : ....

N° : ....

CERTIFICAT DE RAMONAGE

CLIENT			
Nom		Prénom	
Adresse :			

INSTALLATION FONCTIONNANT AU		
☐ Fuel	☐ Gaz	☐ Charbon
☐ Bois	☐ Mixte	☐ ....

FACTURE

Ramonage	NB	HT Prix unitaire FF	Cumul HT FF	HT Prix unitaire €	Cumul HT €
Cheminée					
Chaudière					
Nettoyage brûleur					
Contrôle de combustion rendement %					

PIÈCES DEFFECTUEUSES REMPLACÉES

Gicleurs					
Flexibles					
Autres					
Main d'œuvre					

Notes		
	TOTAL HT	
	TVA	
	NET À PAYER	

| Entreprise : | Date : |
| Nom : | N° : |

CERTIFICAT DE RAMONAGE

CLIENT		
Nom		Prénom
Adresse :		

INSTALLATION FONCTIONNANT AU

- ☐ Fuel
- ☐ Bois
- ☐ Gaz
- ☐ Mixte
- ☐ Charbon
- ☐ ....

FACTURE

Ramonage	NB	HT Prix unitaire FF	Cumul HT FF	HT Prix unitaire €	Cumul HT €
Cheminée					
Chaudière					
Nettoyage brûleur					
Contrôle de combustion rendement %					

PIÈCES DEFFECTUEUSES REMPLACÉES

Gicleurs					
Flexibles					
Autres					
Main d'œuvre					

Notes		
	TOTAL HT	
	TVA	
	NET À PAYER	

Entreprise :	Date : ....
Nom :	**N°** : ....

CERTIFICAT DE RAMONAGE

CLIENT			
Nom		Prénom	
Adresse :			
....			

INSTALLATION FONCTIONNANT AU		
☐ Fuel	☐ Gaz	☐ Charbon
☐ Bois	☐ Mixte	☐ ....

FACTURE

Ramonage	NB	HT Prix unitaire FF	Cumul HT FF	HT Prix unitaire €	Cumul HT €
Cheminée					
Chaudière					
Nettoyage brûleur					
Contrôle de combustion rendement %					

PIÈCES DEFFECTUEUSES REMPLACÉES

Gicleurs					
Flexibles					
Autres					
Main d'œuvre					

Notes		
	TOTAL HT	
	TVA	
	NET À PAYER	

Entreprise :

Nom :

Date : ....

N° : ....

CERTIFICAT DE RAMONAGE

CLIENT			
Nom		Prénom	
Adresse :			
....			

INSTALLATION FONCTIONNANT AU		
☐ Fuel	☐ Gaz	☐ Charbon
☐ Bois	☐ Mixte	☐ ....

FACTURE

Ramonage	NB	HT Prix unitaire FF	Cumul HT FF	HT Prix unitaire €	Cumul HT €
Cheminée					
Chaudière					
Nettoyage brûleur					
Contrôle de combustion rendement %					

PIÈCES DEFFECTUEUSES REMPLACÉES

Gicleurs					
Flexibles					
Autres					
Main d'œuvre					

Notes		
	TOTAL HT	
	TVA	
	NET À PAYER	

Entreprise :

Nom :

Date : ....

N° : ....

CERTIFICAT DE RAMONAGE

CLIENT		
Nom		Prénom
Adresse :		
....		

INSTALLATION FONCTIONNANT AU		
☐ Fuel	☐ Gaz	☐ Charbon
☐ Bois	☐ Mixte	☐ ....

FACTURE

Ramonage	NB	HT Prix unitaire FF	Cumul HT FF	HT Prix unitaire €	Cumul HT €
Cheminée					
Chaudière					
Nettoyage brûleur					
Contrôle de combustion rendement %					

PIÈCES DEFFECTUEUSES REMPLACÉES

	NB				
Gicleurs					
Flexibles					
Autres					
Main d'œuvre					

Notes		
	TOTAL HT	
	TVA	
	NET À PAYER	

| Entreprise : | Date : .... |
| Nom : | N° : .... |

CERTIFICAT DE RAMONAGE

CLIENT		
Nom		Prénom
Adresse :		
....		

INSTALLATION FONCTIONNANT AU

☐ Fuel ☐ Gaz ☐ Charbon
☐ Bois ☐ Mixte ☐ ....

FACTURE

Ramonage	NB	HT Prix unitaire FF	Cumul HT FF	HT Prix unitaire €	Cumul HT €
Cheminée					
Chaudière					
Nettoyage brûleur					
Contrôle de combustion rendement %					

PIÈCES DEFFECTUEUSES REMPLACÉES

Gicleurs					
Flexibles					
Autres					
Main d'œuvre					

Notes	TOTAL HT	
	TVA	
	NET À PAYER	

Entreprise :	Date : ....
Nom :	N° : ....

CERTIFICAT DE RAMONAGE

CLIENT			
Nom		Prénom	
Adresse :			

INSTALLATION FONCTIONNANT AU		
☐ Fuel	☐ Gaz	☐ Charbon
☐ Bois	☐ Mixte	☐ ....

FACTURE

Ramonage	NB	HT Prix unitaire FF	Cumul HT FF	HT Prix unitaire €	Cumul HT €
Cheminée					
Chaudière					
Nettoyage brûleur					
Contrôle de combustion rendement %					

PIÈCES DEFFECTUEUSES REMPLACÉES

Gicleurs					
Flexibles					
Autres					
Main d'œuvre					

Notes		
	TOTAL HT	
	TVA	
	NET À PAYER	

Entreprise :

Nom :

Date : ....

N° : ....

CERTIFICAT DE RAMONAGE

CLIENT		
Nom		Prénom
Adresse :		

INSTALLATION FONCTIONNANT AU		
☐ Fuel	☐ Gaz	☐ Charbon
☐ Bois	☐ Mixte	☐ ....

FACTURE

Ramonage	NB	HT Prix unitaire FF	Cumul HT FF	HT Prix unitaire €	Cumul HT €
Cheminée					
Chaudière					
Nettoyage brûleur					
Contrôle de combustion rendement %					

PIÈCES DEFFECTUEUSES REMPLACÉES

Gicleurs					
Flexibles					
Autres					
Main d'œuvre					

Notes		
	TOTAL HT	
	TVA	
	NET À PAYER	

Entreprise :	Date : ....
Nom :	N° : ....

CERTIFICAT DE RAMONAGE

CLIENT		
Nom		Prénom
Adresse :		
....		

INSTALLATION FONCTIONNANT AU		
☐ Fuel	☐ Gaz	☐ Charbon
☐ Bois	☐ Mixte	☐ ....

FACTURE

Ramonage	NB	HT Prix unitaire FF	Cumul HT FF	HT Prix unitaire €	Cumul HT €
Cheminée					
Chaudière					
Nettoyage brûleur					
Contrôle de combustion rendement %					

PIÈCES DEFFECTUEUSES REMPLACÉES

Gicleurs					
Flexibles					
Autres					
Main d'œuvre					

Notes		
	TOTAL HT	
	TVA	
	NET À PAYER	

| Entreprise : | Date : .... |
| Nom : | N° : .... |

CERTIFICAT DE RAMONAGE

CLIENT		
Nom		Prénom
Adresse :		
....		

INSTALLATION FONCTIONNANT AU		
☐ Fuel	☐ Gaz	☐ Charbon
☐ Bois	☐ Mixte	☐ ....

FACTURE

Ramonage	NB	HT Prix unitaire FF	Cumul HT FF	HT Prix unitaire €	Cumul HT €
Cheminée					
Chaudière					
Nettoyage brûleur					
Contrôle de combustion rendement %					

PIÈCES DEFFECTUEUSES REMPLACÉES

Gicleurs					
Flexibles					
Autres					
Main d'œuvre					

Notes		
	TOTAL HT	
	TVA	
	NET À PAYER	

Entreprise :

Nom :

Date : ....

N° : ....

CERTIFICAT DE RAMONAGE

CLIENT		
Nom		Prénom
Adresse :		

INSTALLATION FONCTIONNANT AU		
☐ Fuel	☐ Gaz	☐ Charbon
☐ Bois	☐ Mixte	☐ ....

FACTURE

Ramonage	NB	HT Prix unitaire FF	Cumul HT FF	HT Prix unitaire €	Cumul HT €
Cheminée					
Chaudière					
Nettoyage brûleur					
Contrôle de combustion rendement %					

PIÈCES DEFFECTUEUSES REMPLACÉES

Gicleurs					
Flexibles					
Autres					
Main d'œuvre					

Notes		
	TOTAL HT	
	TVA	
	NET À PAYER	

Entreprise :

Nom :

Date : ....

N° : ....

CERTIFICAT DE RAMONAGE

CLIENT			
Nom		Prénom	
Adresse :			
....			

INSTALLATION FONCTIONNANT AU

☐ Fuel   ☐ Gaz   ☐ Charbon

☐ Bois   ☐ Mixte   ☐ ....

FACTURE

Ramonage	NB	HT Prix unitaire FF	Cumul HT FF	HT Prix unitaire €	Cumul HT €
Cheminée					
Chaudière					
Nettoyage brûleur					
Contrôle de combustion rendement %					

PIÈCES DEFFECTUEUSES REMPLACÉES

Gicleurs					
Flexibles					
Autres					
Main d'œuvre					

Notes		
	TOTAL HT	
	TVA	
	NET À PAYER	

| Entreprise : | Date : .... |
| Nom : | N° : .... |

CERTIFICAT DE RAMONAGE

CLIENT		
Nom		Prénom
Adresse :		
....		

INSTALLATION FONCTIONNANT AU		
☐ Fuel	☐ Gaz	☐ Charbon
☐ Bois	☐ Mixte	☐ ....

FACTURE

Ramonage	NB	HT Prix unitaire FF	Cumul HT FF	HT Prix unitaire €	Cumul HT €
Cheminée					
Chaudière					
Nettoyage brûleur					
Contrôle de combustion rendement %					

PIÈCES DEFFECTUEUSES REMPLACÉES

Gicleurs					
Flexibles					
Autres					
Main d'œuvre					

Notes		
	TOTAL HT	
	TVA	
	NET À PAYER	

Entreprise :

Nom :

Date : ....

N° : ....

CERTIFICAT DE RAMONAGE

CLIENT	
Nom	Prénom

Adresse : ....
....

INSTALLATION FONCTIONNANT AU

☐ Fuel ☐ Gaz ☐ Charbon
☐ Bois ☐ Mixte ☐ ....

FACTURE

Ramonage	NB	HT Prix unitaire FF	Cumul HT FF	HT Prix unitaire €	Cumul HT €
Cheminée					
Chaudière					
Nettoyage brûleur					
Contrôle de combustion rendement %					

PIÈCES DEFFECTUEUSES REMPLACÉES

Gicleurs				
Flexibles				
Autres				
Main d'œuvre				

Notes		
	TOTAL HT	
	TVA	
	NET À PAYER	

Entreprise :

Nom :

Date : ....

N° : ....

CERTIFICAT DE RAMONAGE

CLIENT			
Nom		Prénom	
Adresse :			
....			

INSTALLATION FONCTIONNANT AU		
☐ Fuel	☐ Gaz	☐ Charbon
☐ Bois	☐ Mixte	☐ ....

FACTURE

Ramonage	NB	HT Prix unitaire FF	Cumul HT FF	HT Prix unitaire €	Cumul HT €
Cheminée					
Chaudière					
Nettoyage brûleur					
Contrôle de combustion rendement %					

PIÈCES DEFFECTUEUSES REMPLACÉES

Gicleurs					
Flexibles					
Autres					
Main d'œuvre					

Notes		
	TOTAL HT	
	TVA	
	NET À PAYER	

Entreprise :

Nom :

Date : ....

N° : ....

CERTIFICAT DE RAMONAGE

CLIENT		
Nom		Prénom
Adresse :		
....		

INSTALLATION FONCTIONNANT AU		
☐ Fuel	☐ Gaz	☐ Charbon
☐ Bois	☐ Mixte	☐ ....

FACTURE

Ramonage	NB	HT Prix unitaire FF	Cumul HT FF	HT Prix unitaire €	Cumul HT €
Cheminée					
Chaudière					
Nettoyage brûleur					
Contrôle de combustion rendement %					

PIÈCES DEFFECTUEUSES REMPLACÉES

Gicleurs					
Flexibles					
Autres					
Main d'œuvre					

Notes		
	TOTAL HT	
	TVA	
	NET À PAYER	

| Entreprise : | Date : .... |
| Nom : | N° : .... |

CERTIFICAT DE RAMONAGE

CLIENT	
Nom	Prénom
Adresse :	
....	

INSTALLATION FONCTIONNANT AU		
☐ Fuel	☐ Gaz	☐ Charbon
☐ Bois	☐ Mixte	☐ ....

FACTURE

Ramonage	NB	HT Prix unitaire FF	Cumul HT FF	HT Prix unitaire €	Cumul HT €
Cheminée					
Chaudière					
Nettoyage brûleur					
Contrôle de combustion rendement %					

PIÈCES DEFFECTUEUSES REMPLACÉES

Gicleurs				
Flexibles				
Autres				
Main d'œuvre				

Notes		
	TOTAL HT	
	TVA	
	NET À PAYER	

| Entreprise : | Date : .... |
| Nom : | N° : .... |

CERTIFICAT DE RAMONAGE

CLIENT		
Nom		Prénom
Adresse :		
....		

INSTALLATION FONCTIONNANT AU

☐ Fuel ☐ Gaz ☐ Charbon
☐ Bois ☐ Mixte ☐ ....

FACTURE

Ramonage	NB	HT Prix unitaire FF	Cumul HT FF	HT Prix unitaire €	Cumul HT €
Cheminée					
Chaudière					
Nettoyage brûleur					
Contrôle de combustion rendement %					

PIÈCES DEFFECTUEUSES REMPLACÉES

Gicleurs					
Flexibles					
Autres					
Main d'œuvre					

Notes		
	TOTAL HT	
	TVA	
	NET À PAYER	

| Entreprise : | Date : .... |
| Nom : | N° : .... |

CERTIFICAT DE RAMONAGE

CLIENT		
Nom		Prénom	
Adresse :		
....		

INSTALLATION FONCTIONNANT AU
☐ Fuel ☐ Gaz ☐ Charbon
☐ Bois ☐ Mixte ☐ ....

FACTURE

Ramonage	NB	HT Prix unitaire FF	Cumul HT FF	HT Prix unitaire €	Cumul HT €
Cheminée					
Chaudière					
Nettoyage brûleur					
Contrôle de combustion rendement %					

PIÈCES DEFFECTUEUSES REMPLACÉES

Gicleurs					
Flexibles					
Autres					
Main d'œuvre					

Notes		
	TOTAL HT	
	TVA	
	NET À PAYER	

| Entreprise : | Date : .... |
| Nom : | N° : .... |

CERTIFICAT DE RAMONAGE

	CLIENT		
Nom		Prénom	
Adresse :			
....			

INSTALLATION FONCTIONNANT AU		
☐ Fuel	☐ Gaz	☐ Charbon
☐ Bois	☐ Mixte	☐ ....

FACTURE

Ramonage	NB	HT Prix unitaire FF	Cumul HT FF	HT Prix unitaire €	Cumul HT €
Cheminée					
Chaudière					
Nettoyage brûleur					
Contrôle de combustion rendement %					

PIÈCES DEFFECTUEUSES REMPLACÉES

Gicleurs					
Flexibles					
Autres					
Main d'œuvre					

Notes		
	TOTAL HT	
	TVA	
	NET À PAYER	

Entreprise :

Nom :

Date : ....

N° : ....

CERTIFICAT DE RAMONAGE

CLIENT			
Nom		Prénom	
Adresse :			

INSTALLATION FONCTIONNANT AU		
☐ Fuel	☐ Gaz	☐ Charbon
☐ Bois	☐ Mixte	☐ ....

FACTURE

Ramonage	NB	HT Prix unitaire FF	Cumul HT FF	HT Prix unitaire €	Cumul HT €
Cheminée					
Chaudière					
Nettoyage brûleur					
Contrôle de combustion rendement %					

PIÈCES DEFFECTUEUSES REMPLACÉES

Gicleurs					
Flexibles					
Autres					
Main d'œuvre					

Notes		
	TOTAL HT	
	TVA	
	NET À PAYER	

Entreprise :

Nom :

Date : ....

N° : ....

CERTIFICAT DE RAMONAGE

CLIENT		
Nom		Prénom
Adresse :		
....		

INSTALLATION FONCTIONNANT AU		
☐ Fuel	☐ Gaz	☐ Charbon
☐ Bois	☐ Mixte	☐ ....

FACTURE

Ramonage	NB	HT Prix unitaire FF	Cumul HT FF	HT Prix unitaire €	Cumul HT €
Cheminée					
Chaudière					
Nettoyage brûleur					
Contrôle de combustion rendement %					

PIÈCES DEFFECTUEUSES REMPLACÉES

Gicleurs				
Flexibles				
Autres				
Main d'œuvre				

Notes		
	TOTAL HT	
	TVA	
	NET À PAYER	

Entreprise :

Nom :

Date : ....

N° : ....

CERTIFICAT DE RAMONAGE

CLIENT			
Nom		Prénom	
Adresse :			
....			

INSTALLATION FONCTIONNANT AU		
☐ Fuel	☐ Gaz	☐ Charbon
☐ Bois	☐ Mixte	☐ ....

FACTURE

Ramonage	NB	HT Prix unitaire FF	Cumul HT FF	HT Prix unitaire €	Cumul HT €
Cheminée					
Chaudière					
Nettoyage brûleur					
Contrôle de combustion rendement %					

PIÈCES DEFFECTUEUSES REMPLACÉES

Gicleurs				
Flexibles				
Autres				
Main d'œuvre				

Notes		
	TOTAL HT	
	TVA	
	NET À PAYER	

Entreprise :

Nom :

Date : ....

N° : ....

CERTIFICAT DE RAMONAGE

CLIENT			
Nom		Prénom	
Adresse :			

INSTALLATION FONCTIONNANT AU		
☐ Fuel	☐ Gaz	☐ Charbon
☐ Bois	☐ Mixte	☐ ....

FACTURE

Ramonage	NB	HT Prix unitaire FF	Cumul HT FF	HT Prix unitaire €	Cumul HT €
Cheminée					
Chaudière					
Nettoyage brûleur					
Contrôle de combustion rendement %					

PIÈCES DEFFECTUEUSES REMPLACÉES

Gicleurs					
Flexibles					
Autres					
Main d'œuvre					

Notes		
	TOTAL HT	
	TVA	
	NET À PAYER	

Entreprise :

Nom :

Date : ....

N° : ....

CERTIFICAT DE RAMONAGE

CLIENT		
Nom		Prénom
Adresse :		
....		

INSTALLATION FONCTIONNANT AU		
☐ Fuel	☐ Gaz	☐ Charbon
☐ Bois	☐ Mixte	☐ ....

FACTURE

Ramonage	NB	HT Prix unitaire FF	Cumul HT FF	HT Prix unitaire €	Cumul HT €
Cheminée					
Chaudière					
Nettoyage brûleur					
Contrôle de combustion rendement %					

PIÈCES DEFFECTUEUSES REMPLACÉES

Gicleurs					
Flexibles					
Autres					
Main d'œuvre					

Notes		
	TOTAL HT	
	TVA	
	NET À PAYER	

Entreprise :

Nom :

Date : ....

N° : ....

CERTIFICAT DE RAMONAGE

CLIENT

Nom		Prénom	

Adresse : ....
....

INSTALLATION FONCTIONNANT AU

☐ Fuel ☐ Gaz ☐ Charbon
☐ Bois ☐ Mixte ☐ ....

FACTURE

Ramonage	NB	HT Prix unitaire FF	Cumul HT FF	HT Prix unitaire €	Cumul HT €
Cheminée					
Chaudière					
Nettoyage brûleur					
Contrôle de combustion rendement %					

PIÈCES DEFFECTUEUSES REMPLACÉES

Gicleurs				
Flexibles				
Autres				
Main d'œuvre				

Notes		
	TOTAL HT	
	TVA	
	NET À PAYER	

Entreprise :

Nom :

Date : ....

N° : ....

CERTIFICAT DE RAMONAGE

CLIENT		
Nom		Prénom

Adresse : ....
....

INSTALLATION FONCTIONNANT AU		
☐ Fuel	☐ Gaz	☐ Charbon
☐ Bois	☐ Mixte	☐ ....

FACTURE

Ramonage	NB	HT Prix unitaire FF	Cumul HT FF	HT Prix unitaire €	Cumul HT €
Cheminée					
Chaudière					
Nettoyage brûleur					
Contrôle de combustion rendement %					

PIÈCES DEFFECTUEUSES REMPLACÉES

Gicleurs					
Flexibles					
Autres					
Main d'œuvre					

Notes		
	TOTAL HT	
	TVA	
	NET À PAYER	

Entreprise :

Nom :

Date : ....

N° : ....

CERTIFICAT DE RAMONAGE

CLIENT			
Nom		Prénom	
Adresse :			
....			

INSTALLATION FONCTIONNANT AU		
☐ Fuel	☐ Gaz	☐ Charbon
☐ Bois	☐ Mixte	☐ ....

FACTURE

Ramonage	NB	HT Prix unitaire FF	Cumul HT FF	HT Prix unitaire €	Cumul HT €
Cheminée					
Chaudière					
Nettoyage brûleur					
Contrôle de combustion rendement %					

PIÈCES DEFFECTUEUSES REMPLACÉES

Gicleurs				
Flexibles				
Autres				
Main d'œuvre				

Notes		
	TOTAL HT	
	TVA	
	NET À PAYER	

Entreprise :

Nom :

Date : ....

N° : ....

CERTIFICAT DE RAMONAGE

CLIENT			
Nom		Prénom	
Adresse :			
....			

INSTALLATION FONCTIONNANT AU		
☐ Fuel	☐ Gaz	☐ Charbon
☐ Bois	☐ Mixte	☐ ....

FACTURE

Ramonage	NB	HT Prix unitaire FF	Cumul HT FF	HT Prix unitaire €	Cumul HT €
Cheminée					
Chaudière					
Nettoyage brûleur					
Contrôle de combustion rendement %					

PIÈCES DEFFECTUEUSES REMPLACÉES

Gicleurs					
Flexibles					
Autres					
Main d'œuvre					

Notes		
	TOTAL HT	
	TVA	
	NET À PAYER	

Entreprise :

Nom :

Date : ....

N° : ....

CERTIFICAT DE RAMONAGE

CLIENT			
Nom		Prénom	
Adresse :			
....			

INSTALLATION FONCTIONNANT AU		
☐ Fuel	☐ Gaz	☐ Charbon
☐ Bois	☐ Mixte	☐ ....

FACTURE

Ramonage	NB	HT Prix unitaire FF	Cumul HT FF	HT Prix unitaire €	Cumul HT €
Cheminée					
Chaudière					
Nettoyage brûleur					
Contrôle de combustion rendement %					

PIÈCES DEFFECTUEUSES REMPLACÉES

Gicleurs					
Flexibles					
Autres					
Main d'œuvre					

Notes		
	TOTAL HT	
	TVA	
	NET À PAYER	

Entreprise :

Nom :

Date : ....

N° : ....

CERTIFICAT DE RAMONAGE

CLIENT			
Nom		Prénom	
Adresse :			
....			

INSTALLATION FONCTIONNANT AU		
☐ Fuel	☐ Gaz	☐ Charbon
☐ Bois	☐ Mixte	☐ ....

FACTURE

Ramonage	NB	HT Prix unitaire FF	Cumul HT FF	HT Prix unitaire €	Cumul HT €
Cheminée					
Chaudière					
Nettoyage brûleur					
Contrôle de combustion rendement %					

PIÈCES DEFFECTUEUSES REMPLACÉES

Gicleurs					
Flexibles					
Autres					
Main d'œuvre					

Notes		
	TOTAL HT	
	TVA	
	NET À PAYER	

Entreprise :

Nom :

Date : ....

N° : ....

CERTIFICAT DE RAMONAGE

CLIENT			
Nom		Prénom	
Adresse :			
....			

INSTALLATION FONCTIONNANT AU		
☐ Fuel	☐ Gaz	☐ Charbon
☐ Bois	☐ Mixte	☐ ....

FACTURE

Ramonage	NB	HT Prix unitaire FF	Cumul HT FF	HT Prix unitaire €	Cumul HT €
Cheminée					
Chaudière					
Nettoyage brûleur					
Contrôle de combustion rendement %					

PIÈCES DEFFECTUEUSES REMPLACÉES

Gicleurs				
Flexibles				
Autres				
Main d'œuvre				

Notes		
	TOTAL HT	
	TVA	
	NET À PAYER	

Entreprise :

Nom :

Date : ....

N° : ....

CERTIFICAT DE RAMONAGE

CLIENT		
Nom		Prénom
Adresse :		

INSTALLATION FONCTIONNANT AU		
☐ Fuel	☐ Gaz	☐ Charbon
☐ Bois	☐ Mixte	☐ ....

FACTURE

Ramonage	NB	HT Prix unitaire FF	Cumul HT FF	HT Prix unitaire €	Cumul HT €
Cheminée					
Chaudière					
Nettoyage brûleur					
Contrôle de combustion rendement %					

PIÈCES DEFFECTUEUSES REMPLACÉES

Gicleurs					
Flexibles					
Autres					
Main d'œuvre					

Notes		
	TOTAL HT	
	TVA	
	NET À PAYER	

Entreprise :

Nom :

Date : ....

N° : ....

CERTIFICAT DE RAMONAGE

CLIENT		
Nom		Prénom
Adresse :		
....		

INSTALLATION FONCTIONNANT AU		
☐ Fuel	☐ Gaz	☐ Charbon
☐ Bois	☐ Mixte	☐ ....

FACTURE

Ramonage	NB	HT Prix unitaire FF	Cumul HT FF	HT Prix unitaire €	Cumul HT €
Cheminée					
Chaudière					
Nettoyage brûleur					
Contrôle de combustion rendement %					

PIÈCES DEFFECTUEUSES REMPLACÉES

Gicleurs					
Flexibles					
Autres					
Main d'œuvre					

Notes		
	TOTAL HT	
	TVA	
	NET À PAYER	

Entreprise :

Nom :

Date : ....

N° : ....

CERTIFICAT DE RAMONAGE

CLIENT		
Nom		Prénom
Adresse :		
....		

INSTALLATION FONCTIONNANT AU		
☐ Fuel	☐ Gaz	☐ Charbon
☐ Bois	☐ Mixte	☐ ....

FACTURE

Ramonage	NB	HT Prix unitaire FF	Cumul HT FF	HT Prix unitaire €	Cumul HT €
Cheminée					
Chaudière					
Nettoyage brûleur					
Contrôle de combustion rendement %					

PIÈCES DEFFECTUEUSES REMPLACÉES

Gicleurs				
Flexibles				
Autres				
Main d'œuvre				

Notes		
	TOTAL HT	
	TVA	
	NET À PAYER	

Entreprise :

Nom :

Date : ....

N° : ....

CERTIFICAT DE RAMONAGE

CLIENT		
Nom		Prénom
Adresse :		
....		

INSTALLATION FONCTIONNANT AU		
☐ Fuel	☐ Gaz	☐ Charbon
☐ Bois	☐ Mixte	☐ ....

FACTURE

Ramonage	NB	HT Prix unitaire FF	Cumul HT FF	HT Prix unitaire €	Cumul HT €
Cheminée					
Chaudière					
Nettoyage brûleur					
Contrôle de combustion rendement %					

PIÈCES DEFFECTUEUSES REMPLACÉES

Gicleurs					
Flexibles					
Autres					
Main d'œuvre					

Notes		
	TOTAL HT	
	TVA	
	NET À PAYER	

| Entreprise : | Date : .... |
| Nom : | N° : .... |

CERTIFICAT DE RAMONAGE

CLIENT			
Nom		Prénom	
Adresse :			
....			

INSTALLATION FONCTIONNANT AU		
☐ Fuel	☐ Gaz	☐ Charbon
☐ Bois	☐ Mixte	☐ ....

FACTURE

Ramonage	NB	HT Prix unitaire FF	Cumul HT FF	HT Prix unitaire €	Cumul HT €
Cheminée					
Chaudière					
Nettoyage brûleur					
Contrôle de combustion rendement %					

PIÈCES DEFFECTUEUSES REMPLACÉES

Gicleurs					
Flexibles					
Autres					
Main d'œuvre					

Notes		
	TOTAL HT	
	TVA	
	NET À PAYER	

Entreprise :

Nom :

Date : ....

N° : ....

CERTIFICAT DE RAMONAGE

CLIENT		
Nom		Prénom
Adresse :		

INSTALLATION FONCTIONNANT AU		
☐ Fuel	☐ Gaz	☐ Charbon
☐ Bois	☐ Mixte	☐ ....

FACTURE

Ramonage	NB	HT Prix unitaire FF	Cumul HT FF	HT Prix unitaire €	Cumul HT €
Cheminée					
Chaudière					
Nettoyage brûleur					
Contrôle de combustion rendement %					

PIÈCES DEFFECTUEUSES REMPLACÉES

Gicleurs				
Flexibles				
Autres				
Main d'œuvre				

Notes		
	TOTAL HT	
	TVA	
	NET À PAYER	

Entreprise :

Nom :

Date : ....

N° : ....

CERTIFICAT DE RAMONAGE

CLIENT			
Nom		Prénom	
Adresse :			
....			

INSTALLATION FONCTIONNANT AU		
☐ Fuel	☐ Gaz	☐ Charbon
☐ Bois	☐ Mixte	☐ ....

FACTURE

Ramonage	NB	HT Prix unitaire FF	Cumul HT FF	HT Prix unitaire €	Cumul HT €
Cheminée					
Chaudière					
Nettoyage brûleur					
Contrôle de combustion rendement %					

PIÈCES DEFFECTUEUSES REMPLACÉES

Gicleurs					
Flexibles					
Autres					
Main d'œuvre					

Notes		
	TOTAL HT	
	TVA	
	NET À PAYER	

Entreprise :

Nom :

Date : ....

N° : ....

CERTIFICAT DE RAMONAGE

CLIENT	
Nom	Prénom

Adresse : ....
....

INSTALLATION FONCTIONNANT AU		
☐ Fuel	☐ Gaz	☐ Charbon
☐ Bois	☐ Mixte	☐ ....

FACTURE

Ramonage	NB	HT Prix unitaire FF	Cumul HT FF	HT Prix unitaire €	Cumul HT €
Cheminée					
Chaudière					
Nettoyage brûleur					
Contrôle de combustion rendement %					

PIÈCES DEFFECTUEUSES REMPLACÉES

Gicleurs					
Flexibles					
Autres					
Main d'œuvre					

Notes		
	TOTAL HT	
	TVA	
	NET À PAYER	

Entreprise :

Nom :

Date : ....

N° : ....

CERTIFICAT DE RAMONAGE

CLIENT			
Nom		Prénom	
Adresse :			

INSTALLATION FONCTIONNANT AU

☐ Fuel   ☐ Gaz   ☐ Charbon

☐ Bois   ☐ Mixte   ☐ ....

FACTURE

Ramonage	NB	HT Prix unitaire FF	Cumul HT FF	HT Prix unitaire €	Cumul HT €
Cheminée					
Chaudière					
Nettoyage brûleur					
Contrôle de combustion rendement %					

PIÈCES DEFFECTUEUSES REMPLACÉES

Gicleurs				
Flexibles				
Autres				
Main d'œuvre				

Notes		
	TOTAL HT	
	TVA	
	NET À PAYER	

Entreprise :

Nom :

Date : ....

N° : ....

CERTIFICAT DE RAMONAGE

CLIENT		
Nom		Prénom

Adresse : ....
....

INSTALLATION FONCTIONNANT AU		
☐ Fuel	☐ Gaz	☐ Charbon
☐ Bois	☐ Mixte	☐ ....

FACTURE

Ramonage	NB	HT Prix unitaire FF	Cumul HT FF	HT Prix unitaire €	Cumul HT €
Cheminée					
Chaudière					
Nettoyage brûleur					
Contrôle de combustion rendement %					

PIÈCES DEFFECTUEUSES REMPLACÉES

Gicleurs					
Flexibles					
Autres					
Main d'œuvre					

Notes		
	TOTAL HT	
	TVA	
	NET À PAYER	

Entreprise :

Nom :

Date : ....

N° : ....

CERTIFICAT DE RAMONAGE

CLIENT		
Nom		Prénom
Adresse :		
....		

INSTALLATION FONCTIONNANT AU		
☐ Fuel	☐ Gaz	☐ Charbon
☐ Bois	☐ Mixte	☐ ....

FACTURE

Ramonage	NB	HT Prix unitaire FF	Cumul HT FF	HT Prix unitaire €	Cumul HT €
Cheminée					
Chaudière					
Nettoyage brûleur					
Contrôle de combustion rendement %					

PIÈCES DEFFECTUEUSES REMPLACÉES

Gicleurs				
Flexibles				
Autres				
Main d'œuvre				

Notes		
	TOTAL HT	
	TVA	
	NET À PAYER	

Entreprise :

Nom :

Date : ....

N° : ....

CERTIFICAT DE RAMONAGE

CLIENT		
Nom		Prénom
Adresse :		

INSTALLATION FONCTIONNANT AU		
☐ Fuel	☐ Gaz	☐ Charbon
☐ Bois	☐ Mixte	☐ ....

FACTURE

Ramonage	NB	HT Prix unitaire FF	Cumul HT FF	HT Prix unitaire €	Cumul HT €
Cheminée					
Chaudière					
Nettoyage brûleur					
Contrôle de combustion rendement %					

PIÈCES DEFFECTUEUSES REMPLACÉES

Gicleurs				
Flexibles				
Autres				
Main d'œuvre				

Notes		
	TOTAL HT	
	TVA	
	NET À PAYER	

Entreprise :

Nom :

Date : ....

N° : ....

CERTIFICAT DE RAMONAGE

CLIENT			
Nom		Prénom	
Adresse :			

INSTALLATION FONCTIONNANT AU		
☐ Fuel	☐ Gaz	☐ Charbon
☐ Bois	☐ Mixte	☐ ....

FACTURE

Ramonage	NB	HT Prix unitaire FF	Cumul HT FF	HT Prix unitaire €	Cumul HT €
Cheminée					
Chaudière					
Nettoyage brûleur					
Contrôle de combustion rendement %					

PIÈCES DEFFECTUEUSES REMPLACÉES

Gicleurs					
Flexibles					
Autres					
Main d'œuvre					

Notes		
	TOTAL HT	
	TVA	
	NET À PAYER	

Entreprise :

Nom :

Date : ....

N° : ....

CERTIFICAT DE RAMONAGE

CLIENT		
Nom		Prénom
Adresse :		
....		

INSTALLATION FONCTIONNANT AU		
☐ Fuel	☐ Gaz	☐ Charbon
☐ Bois	☐ Mixte	☐ ....

FACTURE

Ramonage	NB	HT Prix unitaire FF	Cumul HT FF	HT Prix unitaire €	Cumul HT €
Cheminée					
Chaudière					
Nettoyage brûleur					
Contrôle de combustion rendement %					

PIÈCES DEFFECTUEUSES REMPLACÉES

Gicleurs					
Flexibles					
Autres					
Main d'œuvre					

Notes		
	TOTAL HT	
	TVA	
	NET À PAYER	

Entreprise :

Nom :

Date : ....

N° : ....

CERTIFICAT DE RAMONAGE

CLIENT		
Nom		Prénom
Adresse :		

INSTALLATION FONCTIONNANT AU

☐ Fuel   ☐ Gaz   ☐ Charbon

☐ Bois   ☐ Mixte   ☐ ....

FACTURE

Ramonage	NB	HT Prix unitaire FF	Cumul HT FF	HT Prix unitaire €	Cumul HT €
Cheminée					
Chaudière					
Nettoyage brûleur					
Contrôle de combustion rendement %					

PIÈCES DEFFECTUEUSES REMPLACÉES

Gicleurs				
Flexibles				
Autres				
Main d'œuvre				

Notes		
	TOTAL HT	
	TVA	
	NET À PAYER	

Entreprise :

Nom :

Date : ....

N° : ....

CERTIFICAT DE RAMONAGE

CLIENT		
Nom		Prénom	
Adresse :		
....		

INSTALLATION FONCTIONNANT AU		
☐ Fuel	☐ Gaz	☐ Charbon
☐ Bois	☐ Mixte	☐ ....

FACTURE

Ramonage	NB	HT Prix unitaire FF	Cumul HT FF	HT Prix unitaire €	Cumul HT €
Cheminée					
Chaudière					
Nettoyage brûleur					
Contrôle de combustion rendement %					

PIÈCES DEFFECTUEUSES REMPLACÉES

Gicleurs					
Flexibles					
Autres					
Main d'œuvre					

Notes		
	TOTAL HT	
	TVA	
	NET À PAYER	

Entreprise :

Nom :

Date : ....

N° : ....

CERTIFICAT DE RAMONAGE

CLIENT			
Nom		Prénom	
Adresse :			
....			

INSTALLATION FONCTIONNANT AU		
☐ Fuel	☐ Gaz	☐ Charbon
☐ Bois	☐ Mixte	☐ ....

FACTURE

Ramonage	NB	HT Prix unitaire FF	Cumul HT FF	HT Prix unitaire €	Cumul HT €
Cheminée					
Chaudière					
Nettoyage brûleur					
Contrôle de combustion rendement %					

PIÈCES DEFFECTUEUSES REMPLACÉES

Gicleurs					
Flexibles					
Autres					
Main d'œuvre					

Notes		
	TOTAL HT	
	TVA	
	NET À PAYER	

Entreprise :

Nom :

Date : ....

N° : ....

CERTIFICAT DE RAMONAGE

CLIENT			
Nom		Prénom	
Adresse :			
....			

INSTALLATION FONCTIONNANT AU		
☐ Fuel	☐ Gaz	☐ Charbon
☐ Bois	☐ Mixte	☐ ....

FACTURE

Ramonage	NB	HT Prix unitaire FF	Cumul HT FF	HT Prix unitaire €	Cumul HT €
Cheminée					
Chaudière					
Nettoyage brûleur					
Contrôle de combustion rendement %					

PIÈCES DEFFECTUEUSES REMPLACÉES

Gicleurs				
Flexibles				
Autres				
Main d'œuvre				

Notes		
	TOTAL HT	
	TVA	
	NET À PAYER	

Entreprise :

Nom :

Date : ....

N° : ....

CERTIFICAT DE RAMONAGE

CLIENT		
Nom	Prénom	
Adresse :		

INSTALLATION FONCTIONNANT AU		
☐ Fuel	☐ Gaz	☐ Charbon
☐ Bois	☐ Mixte	☐ ....

FACTURE

Ramonage	NB	HT Prix unitaire FF	Cumul HT FF	HT Prix unitaire €	Cumul HT €
Cheminée					
Chaudière					
Nettoyage brûleur					
Contrôle de combustion rendement %					

PIÈCES DEFFECTUEUSES REMPLACÉES

Gicleurs					
Flexibles					
Autres					
Main d'œuvre					

Notes		
	TOTAL HT	
	TVA	
	NET À PAYER	

Entreprise :	Date : ....
Nom :	N° : ....

CERTIFICAT DE RAMONAGE

CLIENT			
Nom		Prénom	
Adresse :			
....			

INSTALLATION FONCTIONNANT AU		
☐ Fuel	☐ Gaz	☐ Charbon
☐ Bois	☐ Mixte	☐ ....

FACTURE

Ramonage	NB	HT Prix unitaire FF	Cumul HT FF	HT Prix unitaire €	Cumul HT €
Cheminée					
Chaudière					
Nettoyage brûleur					
Contrôle de combustion rendement %					

PIÈCES DEFFECTUEUSES REMPLACÉES

Gicleurs					
Flexibles					
Autres					
Main d'œuvre					

Notes	TOTAL HT	
	TVA	
	NET À PAYER	

Entreprise :

Nom :

Date : ....

N° : ....

CERTIFICAT DE RAMONAGE

CLIENT		
Nom		Prénom
Adresse :		
....		

INSTALLATION FONCTIONNANT AU		
☐ Fuel	☐ Gaz	☐ Charbon
☐ Bois	☐ Mixte	☐ ....

FACTURE

Ramonage	NB	HT Prix unitaire FF	Cumul HT FF	HT Prix unitaire €	Cumul HT €
Cheminée					
Chaudière					
Nettoyage brûleur					
Contrôle de combustion rendement %					

PIÈCES DEFFECTUEUSES REMPLACÉES

Gicleurs					
Flexibles					
Autres					
Main d'œuvre					

Notes	TOTAL HT	
	TVA	
	NET À PAYER	

Entreprise :

Nom :

Date : ....

N° : ....

CERTIFICAT DE RAMONAGE

CLIENT			
Nom		Prénom	
Adresse :			

INSTALLATION FONCTIONNANT AU		
☐ Fuel	☐ Gaz	☐ Charbon
☐ Bois	☐ Mixte	☐ ....

FACTURE

Ramonage	NB	HT Prix unitaire FF	Cumul HT FF	HT Prix unitaire €	Cumul HT €
Cheminée					
Chaudière					
Nettoyage brûleur					
Contrôle de combustion rendement %					

PIÈCES DEFFECTUEUSES REMPLACÉES

Gicleurs					
Flexibles					
Autres					
Main d'œuvre					

Notes	
	TOTAL HT
	TVA
	NET À PAYER

Entreprise :

Nom :

Date : ....

N° : ....

CERTIFICAT DE RAMONAGE

CLIENT		
Nom		Prénom
Adresse :		

INSTALLATION FONCTIONNANT AU		
☐ Fuel	☐ Gaz	☐ Charbon
☐ Bois	☐ Mixte	☐ ....

FACTURE

Ramonage	NB	HT Prix unitaire FF	Cumul HT FF	HT Prix unitaire €	Cumul HT €
Cheminée					
Chaudière					
Nettoyage brûleur					
Contrôle de combustion rendement %					

PIÈCES DEFFECTUEUSES REMPLACÉES

Gicleurs					
Flexibles					
Autres					
Main d'œuvre					

Notes		
	TOTAL HT	
	TVA	
	NET À PAYER	

Entreprise :

Nom :

Date : ....

N° : ....

CERTIFICAT DE RAMONAGE

CLIENT			
Nom		Prénom	
Adresse :			
....			

INSTALLATION FONCTIONNANT AU		
☐ Fuel	☐ Gaz	☐ Charbon
☐ Bois	☐ Mixte	☐ ....

FACTURE

Ramonage	NB	HT Prix unitaire FF	Cumul HT FF	HT Prix unitaire €	Cumul HT €
Cheminée					
Chaudière					
Nettoyage brûleur					
Contrôle de combustion rendement %					

PIÈCES DEFFECTUEUSES REMPLACÉES

Gicleurs					
Flexibles					
Autres					
Main d'œuvre					

Notes		
	TOTAL HT	
	TVA	
	NET À PAYER	

Entreprise :

Nom :

Date : ....

N° : ....

CERTIFICAT DE RAMONAGE

CLIENT		
Nom		Prénom

Adresse : ....
....

INSTALLATION FONCTIONNANT AU		
☐ Fuel	☐ Gaz	☐ Charbon
☐ Bois	☐ Mixte	☐ ....

FACTURE

Ramonage	NB	HT Prix unitaire FF	Cumul HT FF	HT Prix unitaire €	Cumul HT €
Cheminée					
Chaudière					
Nettoyage brûleur					
Contrôle de combustion rendement %					

PIÈCES DEFFECTUEUSES REMPLACÉES

Gicleurs					
Flexibles					
Autres					
Main d'œuvre					

Notes		
	TOTAL HT	
	TVA	
	NET À PAYER	

Entreprise :

Nom :

Date : ....

N° : ....

CERTIFICAT DE RAMONAGE

CLIENT			
Nom		Prénom	
Adresse :			
....			

INSTALLATION FONCTIONNANT AU		
☐ Fuel	☐ Gaz	☐ Charbon
☐ Bois	☐ Mixte	☐ ....

FACTURE

Ramonage	NB	HT Prix unitaire FF	Cumul HT FF	HT Prix unitaire €	Cumul HT €
Cheminée					
Chaudière					
Nettoyage brûleur					
Contrôle de combustion rendement %					

PIÈCES DEFFECTUEUSES REMPLACÉES

Gicleurs				
Flexibles				
Autres				
Main d'œuvre				

Notes		
	TOTAL HT	
	TVA	
	NET À PAYER	

Entreprise :

Nom :

Date : ....

N° : ....

CERTIFICAT DE RAMONAGE

CLIENT		
Nom		Prénom
Adresse :		
....		

INSTALLATION FONCTIONNANT AU

☐ Fuel   ☐ Gaz   ☐ Charbon

☐ Bois   ☐ Mixte   ☐ ....

FACTURE

Ramonage	NB	HT Prix unitaire FF	Cumul HT FF	HT Prix unitaire €	Cumul HT €
Cheminée					
Chaudière					
Nettoyage brûleur					
Contrôle de combustion rendement %					

PIÈCES DEFFECTUEUSES REMPLACÉES

Gicleurs				
Flexibles				
Autres				
Main d'œuvre				

Notes		
	TOTAL HT	
	TVA	
	NET À PAYER	

Entreprise :

Nom :

Date : ....

N° : ....

CERTIFICAT DE RAMONAGE

CLIENT			
Nom		Prénom	
Adresse :			
....			

INSTALLATION FONCTIONNANT AU		
☐ Fuel	☐ Gaz	☐ Charbon
☐ Bois	☐ Mixte	☐ ....

FACTURE

Ramonage	NB	HT Prix unitaire FF	Cumul HT FF	HT Prix unitaire €	Cumul HT €
Cheminée					
Chaudière					
Nettoyage brûleur					
Contrôle de combustion rendement %					

PIÈCES DEFFECTUEUSES REMPLACÉES

Gicleurs					
Flexibles					
Autres					
Main d'œuvre					

Notes		
	TOTAL HT	
	TVA	
	NET À PAYER	

Entreprise :

Nom :

Date : ....

N° : ....

CERTIFICAT DE RAMONAGE

CLIENT			
Nom		Prénom	
Adresse :			
....			

INSTALLATION FONCTIONNANT AU		
☐ Fuel	☐ Gaz	☐ Charbon
☐ Bois	☐ Mixte	☐ ....

FACTURE

Ramonage	NB	HT Prix unitaire FF	Cumul HT FF	HT Prix unitaire €	Cumul HT €
Cheminée					
Chaudière					
Nettoyage brûleur					
Contrôle de combustion rendement %					

PIÈCES DEFFECTUEUSES REMPLACÉES

Gicleurs					
Flexibles					
Autres					
Main d'œuvre					

Notes		
	TOTAL HT	
	TVA	
	NET À PAYER	

Entreprise :

Nom :

Date : ....

N° : ....

CERTIFICAT DE RAMONAGE

CLIENT		
Nom		Prénom
Adresse :		
....		

INSTALLATION FONCTIONNANT AU		
☐ Fuel	☐ Gaz	☐ Charbon
☐ Bois	☐ Mixte	☐ ....

FACTURE

Ramonage	NB	HT Prix unitaire FF	Cumul HT FF	HT Prix unitaire €	Cumul HT €
Cheminée					
Chaudière					
Nettoyage brûleur					
Contrôle de combustion rendement %					

PIÈCES DEFFECTUEUSES REMPLACÉES

Gicleurs					
Flexibles					
Autres					
Main d'œuvre					

Notes		
	TOTAL HT	
	TVA	
	NET À PAYER	

Entreprise :

Nom :

Date : ....

N° : ....

CERTIFICAT DE RAMONAGE

CLIENT			
Nom		Prénom	

Adresse : ....
....

INSTALLATION FONCTIONNANT AU		
☐ Fuel	☐ Gaz	☐ Charbon
☐ Bois	☐ Mixte	☐ ....

FACTURE

Ramonage	NB	HT Prix unitaire FF	Cumul HT FF	HT Prix unitaire €	Cumul HT €
Cheminée					
Chaudière					
Nettoyage brûleur					
Contrôle de combustion rendement %					

PIÈCES DEFFECTUEUSES REMPLACÉES

Gicleurs				
Flexibles				
Autres				
Main d'œuvre				

Notes		
	TOTAL HT	
	TVA	
	NET À PAYER	

Entreprise :

Nom :

Date : ....

N° : ....

CERTIFICAT DE RAMONAGE

CLIENT			
Nom		Prénom	
Adresse :			
....			

INSTALLATION FONCTIONNANT AU		
☐ Fuel	☐ Gaz	☐ Charbon
☐ Bois	☐ Mixte	☐ ....

FACTURE

Ramonage	NB	HT Prix unitaire FF	Cumul HT FF	HT Prix unitaire €	Cumul HT €
Cheminée					
Chaudière					
Nettoyage brûleur					
Contrôle de combustion rendement %					

PIÈCES DEFFECTUEUSES REMPLACÉES

Gicleurs					
Flexibles					
Autres					
Main d'œuvre					

Notes		
	TOTAL HT	
	TVA	
	NET À PAYER	

Entreprise :

Nom :

Date : ....

N° : ....

CERTIFICAT DE RAMONAGE

CLIENT			
Nom		Prénom	
Adresse :			

INSTALLATION FONCTIONNANT AU		
☐ Fuel	☐ Gaz	☐ Charbon
☐ Bois	☐ Mixte	☐ ....

FACTURE

Ramonage	NB	HT Prix unitaire FF	Cumul HT FF	HT Prix unitaire €	Cumul HT €
Cheminée					
Chaudière					
Nettoyage brûleur					
Contrôle de combustion rendement %					

PIÈCES DEFFECTUEUSES REMPLACÉES

Gicleurs					
Flexibles					
Autres					
Main d'œuvre					

Notes		
	TOTAL HT	
	TVA	
	NET À PAYER	

Entreprise :

Nom :

Date : ....

N° : ....

CERTIFICAT DE RAMONAGE

CLIENT			
Nom		Prénom	
Adresse : ....
....

INSTALLATION FONCTIONNANT AU		
☐ Fuel	☐ Gaz	☐ Charbon
☐ Bois	☐ Mixte	☐ ....

FACTURE

Ramonage	NB	HT Prix unitaire FF	Cumul HT FF	HT Prix unitaire €	Cumul HT €
Cheminée					
Chaudière					
Nettoyage brûleur					
Contrôle de combustion rendement %					

PIÈCES DEFFECTUEUSES REMPLACÉES

Gicleurs					
Flexibles					
Autres					
Main d'œuvre					

Notes		
	TOTAL HT	
	TVA	
	NET À PAYER	

Entreprise :

Nom :

Date : ....

N° : ....

CERTIFICAT DE RAMONAGE

CLIENT		
Nom		Prénom
Adresse :		
....		

INSTALLATION FONCTIONNANT AU		
☐ Fuel	☐ Gaz	☐ Charbon
☐ Bois	☐ Mixte	☐ ....

FACTURE

Ramonage	NB	HT Prix unitaire FF	Cumul HT FF	HT Prix unitaire €	Cumul HT €
Cheminée					
Chaudière					
Nettoyage brûleur					
Contrôle de combustion rendement %					

PIÈCES DEFFECTUEUSES REMPLACÉES

Gicleurs					
Flexibles					
Autres					
Main d'œuvre					

Notes		
	TOTAL HT	
	TVA	
	NET À PAYER	

Entreprise :

Nom :

Date : ....

N° : ....

CERTIFICAT DE RAMONAGE

CLIENT			
Nom		Prénom	
Adresse :			
....			

INSTALLATION FONCTIONNANT AU		
☐ Fuel	☐ Gaz	☐ Charbon
☐ Bois	☐ Mixte	☐ ....

FACTURE

Ramonage	NB	HT Prix unitaire FF	Cumul HT FF	HT Prix unitaire €	Cumul HT €
Cheminée					
Chaudière					
Nettoyage brûleur					
Contrôle de combustion rendement %					

PIÈCES DEFFECTUEUSES REMPLACÉES

Gicleurs					
Flexibles					
Autres					
Main d'œuvre					

Notes		
	TOTAL HT	
	TVA	
	NET À PAYER	

Entreprise :

Nom :

Date : ....

N° : ....

CERTIFICAT DE RAMONAGE

CLIENT			
Nom		Prénom	
Adresse :			

INSTALLATION FONCTIONNANT AU		
☐ Fuel	☐ Gaz	☐ Charbon
☐ Bois	☐ Mixte	☐ ....

FACTURE

Ramonage	NB	HT Prix unitaire FF	Cumul HT FF	HT Prix unitaire €	Cumul HT €
Cheminée					
Chaudière					
Nettoyage brûleur					
Contrôle de combustion rendement %					

PIÈCES DEFFECTUEUSES REMPLACÉES

Gicleurs					
Flexibles					
Autres					
Main d'œuvre					

Notes		
	TOTAL HT	
	TVA	
	NET À PAYER	

Entreprise :

Nom :

Date : ....

N° : ....

CERTIFICAT DE RAMONAGE

CLIENT		
Nom		Prénom
Adresse :		

INSTALLATION FONCTIONNANT AU		
☐ Fuel	☐ Gaz	☐ Charbon
☐ Bois	☐ Mixte	☐ ....

FACTURE

Ramonage	NB	HT Prix unitaire FF	Cumul HT FF	HT Prix unitaire €	Cumul HT €
Cheminée					
Chaudière					
Nettoyage brûleur					
Contrôle de combustion rendement %					

PIÈCES DEFFECTUEUSES REMPLACÉES

Gicleurs				
Flexibles				
Autres				
Main d'œuvre				

Notes		
	TOTAL HT	
	TVA	
	NET À PAYER	

Entreprise :

Nom :

Date : ....

N° : ....

CERTIFICAT DE RAMONAGE

CLIENT			
Nom		Prénom	
Adresse :			
....			

INSTALLATION FONCTIONNANT AU		
☐ Fuel	☐ Gaz	☐ Charbon
☐ Bois	☐ Mixte	☐ ....

FACTURE

Ramonage	NB	HT Prix unitaire FF	Cumul HT FF	HT Prix unitaire €	Cumul HT €
Cheminée					
Chaudière					
Nettoyage brûleur					
Contrôle de combustion rendement %					

PIÈCES DEFFECTUEUSES REMPLACÉES

Gicleurs				
Flexibles				
Autres				
Main d'œuvre				

Notes		
	TOTAL HT	
	TVA	
	NET À PAYER	

Entreprise :

Nom :

Date : ....

N° : ....

CERTIFICAT DE RAMONAGE

CLIENT		
Nom	Prénom	
Adresse :		
....		

INSTALLATION FONCTIONNANT AU		
☐ Fuel	☐ Gaz	☐ Charbon
☐ Bois	☐ Mixte	☐ ....

FACTURE

Ramonage	NB	HT Prix unitaire FF	Cumul HT FF	HT Prix unitaire €	Cumul HT €
Cheminée					
Chaudière					
Nettoyage brûleur					
Contrôle de combustion rendement %					

PIÈCES DEFFECTUEUSES REMPLACÉES

Gicleurs					
Flexibles					
Autres					
Main d'œuvre					

Notes		
	TOTAL HT	
	TVA	
	NET À PAYER	

Entreprise :

Nom :

Date : ....

N° : ....

CERTIFICAT DE RAMONAGE

CLIENT			
Nom		Prénom	
Adresse :			
....			

INSTALLATION FONCTIONNANT AU		
☐ Fuel	☐ Gaz	☐ Charbon
☐ Bois	☐ Mixte	☐ ....

FACTURE

Ramonage	NB	HT Prix unitaire FF	Cumul HT FF	HT Prix unitaire €	Cumul HT €
Cheminée					
Chaudière					
Nettoyage brûleur					
Contrôle de combustion rendement %					

PIÈCES DEFFECTUEUSES REMPLACÉES

Gicleurs				
Flexibles				
Autres				
Main d'œuvre				

Notes		
	TOTAL HT	
	TVA	
	NET À PAYER	

Entreprise :

Nom :

Date : ....

N° : ....

CERTIFICAT DE RAMONAGE

CLIENT			
Nom		Prénom	
Adresse :			
....			

INSTALLATION FONCTIONNANT AU		
☐ Fuel	☐ Gaz	☐ Charbon
☐ Bois	☐ Mixte	☐ ....

FACTURE

Ramonage	NB	HT Prix unitaire FF	Cumul HT FF	HT Prix unitaire €	Cumul HT €
Cheminée					
Chaudière					
Nettoyage brûleur					
Contrôle de combustion rendement %					

PIÈCES DEFFECTUEUSES REMPLACÉES

Gicleurs					
Flexibles					
Autres					
Main d'œuvre					

Notes		
	TOTAL HT	
	TVA	
	NET À PAYER	

Entreprise :

Nom :

Date : ....

N° : ....

CERTIFICAT DE RAMONAGE

CLIENT		
Nom		Prénom
Adresse :		

INSTALLATION FONCTIONNANT AU

☐ Fuel   ☐ Gaz   ☐ Charbon

☐ Bois   ☐ Mixte   ☐ ....

FACTURE

Ramonage	NB	HT Prix unitaire FF	Cumul HT FF	HT Prix unitaire €	Cumul HT €
Cheminée					
Chaudière					
Nettoyage brûleur					
Contrôle de combustion rendement %					

PIÈCES DEFFECTUEUSES REMPLACÉES

Gicleurs					
Flexibles					
Autres					
Main d'œuvre					

Notes		
	TOTAL HT	
	TVA	
	NET À PAYER	

Entreprise :

Nom :

Date : ....

N° : ....

CERTIFICAT DE RAMONAGE

CLIENT		
Nom		Prénom
Adresse :		
....		

INSTALLATION FONCTIONNANT AU		
☐ Fuel	☐ Gaz	☐ Charbon
☐ Bois	☐ Mixte	☐ ....

FACTURE

Ramonage	NB	HT Prix unitaire FF	Cumul HT FF	HT Prix unitaire €	Cumul HT €
Cheminée					
Chaudière					
Nettoyage brûleur					
Contrôle de combustion rendement %					

PIÈCES DEFFECTUEUSES REMPLACÉES

Gicleurs					
Flexibles					
Autres					
Main d'œuvre					

Notes		
	TOTAL HT	
	TVA	
	NET À PAYER	

Entreprise :

Nom :

Date : ....

N° : ....

CERTIFICAT DE RAMONAGE

CLIENT			
Nom		Prénom	
Adresse :			
....			

INSTALLATION FONCTIONNANT AU		
☐ Fuel	☐ Gaz	☐ Charbon
☐ Bois	☐ Mixte	☐ ....

FACTURE

Ramonage	NB	HT Prix unitaire FF	Cumul HT FF	HT Prix unitaire €	Cumul HT €
Cheminée					
Chaudière					
Nettoyage brûleur					
Contrôle de combustion rendement %					

PIÈCES DEFFECTUEUSES REMPLACÉES

Gicleurs				
Flexibles				
Autres				
Main d'œuvre				

Notes		
	TOTAL HT	
	TVA	
	NET À PAYER	

Entreprise :

Nom :

Date : ....

N° : ....

CERTIFICAT DE RAMONAGE

CLIENT		
Nom		Prénom
Adresse :		
....		

INSTALLATION FONCTIONNANT AU		
☐ Fuel	☐ Gaz	☐ Charbon
☐ Bois	☐ Mixte	☐ ....

FACTURE

Ramonage	NB	HT Prix unitaire FF	Cumul HT FF	HT Prix unitaire €	Cumul HT €
Cheminée					
Chaudière					
Nettoyage brûleur					
Contrôle de combustion rendement %					

PIÈCES DEFFECTUEUSES REMPLACÉES

Gicleurs				
Flexibles				
Autres				
Main d'œuvre				

Notes		
	TOTAL HT	
	TVA	
	NET À PAYER	

Entreprise :

Nom :

Date : ....

N° : ....

CERTIFICAT DE RAMONAGE

CLIENT			
Nom		Prénom	
Adresse :			
....			

INSTALLATION FONCTIONNANT AU		
☐ Fuel	☐ Gaz	☐ Charbon
☐ Bois	☐ Mixte	☐ ....

FACTURE

Ramonage	NB	HT Prix unitaire FF	Cumul HT FF	HT Prix unitaire €	Cumul HT €
Cheminée					
Chaudière					
Nettoyage brûleur					
Contrôle de combustion rendement %					

PIÈCES DEFFECTUEUSES REMPLACÉES

Gicleurs				
Flexibles				
Autres				
Main d'œuvre				

Notes		
	TOTAL HT	
	TVA	
	NET À PAYER	

Entreprise :

Nom :

Date : ....

N° : ....

CERTIFICAT DE RAMONAGE

CLIENT			
Nom		Prénom	
Adresse :			

INSTALLATION FONCTIONNANT AU		
☐ Fuel	☐ Gaz	☐ Charbon
☐ Bois	☐ Mixte	☐ ....

FACTURE

Ramonage	NB	HT Prix unitaire FF	Cumul HT FF	HT Prix unitaire €	Cumul HT €
Cheminée					
Chaudière					
Nettoyage brûleur					
Contrôle de combustion rendement %					

PIÈCES DEFFECTUEUSES REMPLACÉES

Gicleurs					
Flexibles					
Autres					
Main d'œuvre					

Notes		
	TOTAL HT	
	TVA	
	NET À PAYER	

Entreprise :

Nom :

Date : ....

N° : ....

CERTIFICAT DE RAMONAGE

CLIENT			
Nom		Prénom	

Adresse : ....
....

INSTALLATION FONCTIONNANT AU
☐ Fuel ☐ Gaz ☐ Charbon
☐ Bois ☐ Mixte ☐ ....

FACTURE

Ramonage	NB	HT Prix unitaire FF	Cumul HT FF	HT Prix unitaire €	Cumul HT €
Cheminée					
Chaudière					
Nettoyage brûleur					
Contrôle de combustion rendement %					

PIÈCES DEFFECTUEUSES REMPLACÉES

Gicleurs					
Flexibles					
Autres					
Main d'œuvre					

Notes		
	TOTAL HT	
	TVA	
	NET À PAYER	

Entreprise :

Nom :

Date : ....

N° : ....

CERTIFICAT DE RAMONAGE

CLIENT		
Nom		Prénom
Adresse :		
....		

INSTALLATION FONCTIONNANT AU		
☐ Fuel	☐ Gaz	☐ Charbon
☐ Bois	☐ Mixte	☐ ....

FACTURE

Ramonage	NB	HT Prix unitaire FF	Cumul HT FF	HT Prix unitaire €	Cumul HT €
Cheminée					
Chaudière					
Nettoyage brûleur					
Contrôle de combustion rendement %					

PIÈCES DEFFECTUEUSES REMPLACÉES

Gicleurs				
Flexibles				
Autres				
Main d'œuvre				

Notes		
	TOTAL HT	
	TVA	
	NET À PAYER	

Entreprise :

Nom :

Date : ....

N° : ....

CERTIFICAT DE RAMONAGE

CLIENT			
Nom		Prénom	
Adresse :			

INSTALLATION FONCTIONNANT AU		
☐ Fuel	☐ Gaz	☐ Charbon
☐ Bois	☐ Mixte	☐ ....

FACTURE

Ramonage	NB	HT Prix unitaire FF	Cumul HT FF	HT Prix unitaire €	Cumul HT €
Cheminée					
Chaudière					
Nettoyage brûleur					
Contrôle de combustion rendement %					

PIÈCES DEFFECTUEUSES REMPLACÉES

Gicleurs			
Flexibles			
Autres			
Main d'œuvre			

Notes		
	TOTAL HT	
	TVA	
	NET À PAYER	

Entreprise :

Nom :

Date : ....

N° : ....

CERTIFICAT DE RAMONAGE

CLIENT		
Nom		Prénom
Adresse :		
....		

INSTALLATION FONCTIONNANT AU		
☐ Fuel	☐ Gaz	☐ Charbon
☐ Bois	☐ Mixte	☐ ....

FACTURE

Ramonage	NB	HT Prix unitaire FF	Cumul HT FF	HT Prix unitaire €	Cumul HT €
Cheminée					
Chaudière					
Nettoyage brûleur					
Contrôle de combustion rendement %					

PIÈCES DEFFECTUEUSES REMPLACÉES

Gicleurs					
Flexibles					
Autres					
Main d'œuvre					

Notes		
	TOTAL HT	
	TVA	
	NET À PAYER	

Entreprise :

Nom :

Date : ....

N° : ....

CERTIFICAT DE RAMONAGE

CLIENT			
Nom		Prénom	
Adresse :			

INSTALLATION FONCTIONNANT AU		
☐ Fuel	☐ Gaz	☐ Charbon
☐ Bois	☐ Mixte	☐ ....

FACTURE

Ramonage	NB	HT Prix unitaire FF	Cumul HT FF	HT Prix unitaire €	Cumul HT €
Cheminée					
Chaudière					
Nettoyage brûleur					
Contrôle de combustion rendement %					

PIÈCES DEFFECTUEUSES REMPLACÉES

Gicleurs					
Flexibles					
Autres					
Main d'œuvre					

Notes		
	TOTAL HT	
	TVA	
	NET À PAYER	

Entreprise :

Nom :

Date : ....

N° : ....

CERTIFICAT DE RAMONAGE

CLIENT		
Nom		Prénom

Adresse : ....
....

INSTALLATION FONCTIONNANT AU		
☐ Fuel	☐ Gaz	☐ Charbon
☐ Bois	☐ Mixte	☐ ....

FACTURE

Ramonage	NB	HT Prix unitaire FF	Cumul HT FF	HT Prix unitaire €	Cumul HT €
Cheminée					
Chaudière					
Nettoyage brûleur					
Contrôle de combustion rendement %					

PIÈCES DEFFECTUEUSES REMPLACÉES

Gicleurs				
Flexibles				
Autres				
Main d'œuvre				

Notes		
	TOTAL HT	
	TVA	
	NET À PAYER	

Entreprise :

Nom :

Date : ....

N° : ....

CERTIFICAT DE RAMONAGE

CLIENT		
Nom		Prénom

Adresse : ....

....

INSTALLATION FONCTIONNANT AU		
☐ Fuel	☐ Gaz	☐ Charbon
☐ Bois	☐ Mixte	☐ ....

FACTURE

Ramonage	NB	HT Prix unitaire FF	Cumul HT FF	HT Prix unitaire €	Cumul HT €
Cheminée					
Chaudière					
Nettoyage brûleur					
Contrôle de combustion rendement %					

PIÈCES DEFFECTUEUSES REMPLACÉES

Gicleurs					
Flexibles					
Autres					
Main d'œuvre					

Notes		
	TOTAL HT	
	TVA	
	NET À PAYER	

Entreprise :

Nom :

Date : ....

N° : ....

CERTIFICAT DE RAMONAGE

CLIENT		
Nom		Prénom
Adresse :		
....		

INSTALLATION FONCTIONNANT AU		
☐ Fuel	☐ Gaz	☐ Charbon
☐ Bois	☐ Mixte	☐ ....

FACTURE

Ramonage	NB	HT Prix unitaire FF	Cumul HT FF	HT Prix unitaire €	Cumul HT €
Cheminée					
Chaudière					
Nettoyage brûleur					
Contrôle de combustion rendement %					

PIÈCES DEFFECTUEUSES REMPLACÉES

Gicleurs					
Flexibles					
Autres					
Main d'œuvre					

Notes		
	TOTAL HT	
	TVA	
	NET À PAYER	

Entreprise :

Nom :

Date : ....

N° : ....

CERTIFICAT DE RAMONAGE

CLIENT		
Nom		Prénom
Adresse :		

INSTALLATION FONCTIONNANT AU		
☐ Fuel	☐ Gaz	☐ Charbon
☐ Bois	☐ Mixte	☐ ....

FACTURE

Ramonage	NB	HT Prix unitaire FF	Cumul HT FF	HT Prix unitaire €	Cumul HT €
Cheminée					
Chaudière					
Nettoyage brûleur					
Contrôle de combustion rendement %					

PIÈCES DEFFECTUEUSES REMPLACÉES

Gicleurs					
Flexibles					
Autres					
Main d'œuvre					

Notes		
	TOTAL HT	
	TVA	
	NET À PAYER	

Entreprise :

Nom :

Date : ....

N° : ....

CERTIFICAT DE RAMONAGE

CLIENT			
Nom		Prénom	
Adresse :			

INSTALLATION FONCTIONNANT AU

☐ Fuel   ☐ Gaz   ☐ Charbon

☐ Bois   ☐ Mixte   ☐ ....

FACTURE

Ramonage	NB	HT Prix unitaire FF	Cumul HT FF	HT Prix unitaire €	Cumul HT €
Cheminée					
Chaudière					
Nettoyage brûleur					
Contrôle de combustion rendement %					

PIÈCES DEFFECTUEUSES REMPLACÉES

Gicleurs				
Flexibles				
Autres				
Main d'œuvre				

Notes		
	TOTAL HT	
	TVA	
	NET À PAYER	

Entreprise :

Nom :

Date : ....

N° : ....

CERTIFICAT DE RAMONAGE

CLIENT			
Nom		Prénom	
Adresse :			
....			

INSTALLATION FONCTIONNANT AU		
☐ Fuel	☐ Gaz	☐ Charbon
☐ Bois	☐ Mixte	☐ ....

FACTURE

Ramonage	NB	HT Prix unitaire FF	Cumul HT FF	HT Prix unitaire €	Cumul HT €
Cheminée					
Chaudière					
Nettoyage brûleur					
Contrôle de combustion rendement %					

PIÈCES DEFFECTUEUSES REMPLACÉES

Gicleurs				
Flexibles				
Autres				
Main d'œuvre				

Notes		
	TOTAL HT	
	TVA	
	NET À PAYER	

Entreprise :

Nom :

Date : ....

N° : ....

CERTIFICAT DE RAMONAGE

CLIENT		
Nom		Prénom

Adresse : ....

....

INSTALLATION FONCTIONNANT AU		
☐ Fuel	☐ Gaz	☐ Charbon
☐ Bois	☐ Mixte	☐ ....

FACTURE

Ramonage	NB	HT Prix unitaire FF	Cumul HT FF	HT Prix unitaire €	Cumul HT €
Cheminée					
Chaudière					
Nettoyage brûleur					
Contrôle de combustion rendement %					

PIÈCES DEFFECTUEUSES REMPLACÉES

Gicleurs				
Flexibles				
Autres				
Main d'œuvre				

Notes		
	TOTAL HT	
	TVA	
	NET À PAYER	

Printed by Amazon Italia Logistica S.r.l.
Torrazza Piemonte (TO), Italy

51062624R00117